Niels Kjær

På tværs af Mælkevejen

En introduktion til de japanske digtformer tanka, renga, haibun og haiku med 99 digte

Niels Kjær: På tværs af Mælkevejen

© 2019 Kjær, Niels

Forlag: BoD – Books on Demand, København, Danmark
Fremstilling: BoD – Books on Demand GmbH – Norderstedt, Tyskland

ISBN 978-87-430-0948-1

Forsidefoto: Jenny Thaysen Kjær
Fotografierne på side 27, 30, 33 og 34: Silas Thaysen Kjær

Indholdsfortegnelse

Forord   5

Waka og tanka   7
Renga og renku   13
Haibun   17
Haiku   23
Haiku-sekvenser   35

Litteratur   49

Kødets sansninger
og åndens syner fastholdt
som tegn i sproget

Forord

Der har i Danmark i de seneste 20-30 år været stor interesse for en række af de japanske kulturformer, fx *ikebana* (kunsten at arrangere blomster), *origami* (papirfoldningskunst) og *manga* (tegneseriekunst). Det er formodentlig i denne sammenhæng, at man også skal se den stigende interesse for den japanske digtform *haiku*. Siden årtusindskiftet har ganske mange professionelle lyrikere udgivet egne haikusamlinger, og endnu flere amatører, ikke mindst skolebørn, har fornøjet sig med at skrive haiku.

I den japanske litteraturhistorie indgår haiku i en lang sammenhæng med andre digtformer, der måske er knap så kendte herhjemme, men som godt kan fortjene større opmærksomhed. Japansk lyrik udspringer af den femlinjede form, som kaldes *waka* eller *tanka*, og har siden udviklet sig via *renga, renku* og *haibun* frem til *haiku* og *haiku-sekvensen*. Hver af disse former har sin egen charme og sine egne muligheder, der nok er værd at afprøve.

På de følgende sider giver jeg korte introduktioner til de forskellige japanske digtformer efterfulgt af mine

egne "japonistiske" digte, der fremtræder som eksem-
pler på, hvordan det kan gøres. Jeg håber, at de kan
være til inspiration og give andre lyst til at forsøge sig
også med disse former.

Til sidst følger en litteraturliste med forslag til videre
læsning.

Niels Kjær

Waka og tanka

Waka er den oprindelige digtform i Japan. Ordet betyder simpelthen "japansk digt". Et waka har 31 *on* (lydenheder) fordelt på 5 linjer (med henholdsvis 5, 7, 5, 7 og 7 lydenheder eller stavelser i de enkelte linjer).

Det først nedskrevne waka, vi kender, er fra år 712 e. Kr., men formen har rødder langt tilbage i mundtlig japansk folkedigtning. I den store antologi *Manyoshu* (fra ca. år 760) findes 4.200 digte i waka-form. Ét af dem – skrevet af *Yakamochi* (716-785) – lyder:

Når det bli'r aften
vil jeg lade døren stå
på klem og vente
på hende, der i drømme
sagde hun ville komme

I århundredernes løb stivnede det klassiske waka og blev til ren æstetik. Der var efterhånden kun ganske få emner, det gik an at skrive om, hvilket medførte at affektation og klicheer blev dominerede. Til sidst var waka-formen ved at uddø.

Da – for omtrent 120 år siden – genopfandt ægteparret *Yosano* formen, men gav den et nyt navn, nemlig *tanka*. Formen kræver stadig 31 stavelser fordelt på 5 linjer (5-7-5-7-7), men emnevalget og sproget er langt friere. Især ægteparrets kvindelige halvdel, *Yosano Akiko* (1878-1942), formåede at forny den gamle form. Hun inspirerede med sine dristige digte nye generationer af japanske lyrikere i det 20. og 21. århundrede til at skrive tanka.

Også i Vesten er tanka-digtningen blevet udbredt, og her følger et dusin af mine egne tanka-digte.

Livstegn

Jeg ser en hvid mand
i den japanske have
ved Hamburger Wall.
Både snemanden og jeg
har lange, røde næser.

Jeg klipper grene
til et lille påsketræ.
Tænker på forår
og opstandelse, selv om
jorden er dækket af sne.

Skynder mig af sted
for at nyde synet af
kirsebærblomster.
Sanser livets flygtighed
før jeg løber til bussen.

Sammen vandrer vi
i majgrønne landskaber
med himlen til låns.
Ved Dovns Klint slutter vejen –
der er en ende på alt.

Skovturen aflyst
på grund af bedrøvelig
og endeløs regn.
Sommersøndag indendørs
med popkorn og Peter Plys.

Nu breder hylden
igen de svale hænder
mod sommermånen.
I nat ligner alt et digt
af Johannes V. Jensen.

Hvis hele kroppen
fornyer sig på syv år,
hvorfor er det så
at alle mine celler
husker vores første kys?

På en grøn plæne
kæmper 22 mænd
om guld og ære.
Dommeren har en fløjte
og afgør sagens udfald.

Efter nattens regn
bygger vi drømmeslotte
i det våde sand.
Gutten og lillepigen
er dagens arkitekter.

På vej til bussen
ser vi fuldmånen stå op
rund og mælkehvid.
Den var her ikke i går
og i morgen er den væk.

Et gyldent tæppe
af friske nedfaldsblade
dækker skovbunden.
Trods den første nattefrost
er forrådnelsen i gang.

De tolv hvide lys
på træet taler deres
tydelige sprog,
men det er kun børnene
der forstår, hvad de siger.

Renga og renku

Fra og med det 13. århundrede blev det i japanske hofkredse populært at skrive lange kædedigte. En gruppe digtere mødtes til et poetisk selskab, og en af deltagerne præsenterede de første sytten stavelser fordelt på tre linjer. En anden af deltagerne bidrog med de næste to linjer på hver syv stavelser. Dermed havde man et *waka*, men i stedet for at slutte her føjede en tredje deltager tre nye linjer til digtet og en fjerde deltager yderligere to linjer. Således skabte selskabet de lange kædedigte, der på japansk kaldes *renga*, og som kan indeholde både 50 og 100 led.

Et renga fortæller ikke en logisk fremadskridende historie. Hvert led er knyttet til det foregående, men ikke til alle de andre led i digtet. Således skifter kædedigtet hele tiden retning, og læseren oplever en zig-zag-bevægelse hen over et imaginært landskab.

I det 17. århundrede flyttede *renga* ud fra hoffet og blev en yndet digtform over alt i Japan. De stive regler blev blødt op, og en mere intuitiv stil vandt indpas. Den nye, mere moderne form for kædedigte kaldes *haikai-no-renga* ("sjove renga") eller blot *renku*. Disse kædedigte skrives stadig i Japan og siden 1980'erne også i Vesten. I tidens løb er mange, kortere former opstået, blandt andre *junicho*, der består af 12 led, og *yotsumono*, der skrives af to digtere og kun har 4 led.

Snegle på vej

I *Dansk Forfatterforenings Haikugruppe* har vi ved et par lejligheder fornøjet os med at skrive et *renku*. I november 2013 skabte jeg sammen med Ulla Conrad, Mona Larsen, Kate Larsen, Yong Sun og Hanne Hansen nedenstående *junicho*:

Midt på skovstien
to snegle mod samme mål –
hvor mon de mødes?   (UC)

Den råkolde regn sletter
de sidste spor af sommer   (NK)

I morgengryet
plasticposen på en pind –
hjort i rabatten   (ML)

Netop nu rødmer solen
i ny dags muligheder   (KL)

I kuldenætter
sætter månelys scenen
for dyrs skyggespil   (YS)

Ubevidst dæmpes stemmen –
hviskende ord i natten   (NK)

Han klapper barnet
blidt på de sorte krøller –
foretrækker brunt   (HH)

Anemoner dækkes
af tæppet i skovbunden   (ML)

Tøvejr og knopper
larmer om kap med fugle
vækket af solen   (YS)

Metroen støjer voldsomt
men umuligt at flytte   (HH)

Solens gyldne lys
på usolgte husgavle –
ubekymret her   (UC)

Duft af roser i haven –
bierne har meget travlt   (KL)

Valgdag

Sammen med den amerikanske lyriker Mark Schorr (1944-2017) har jeg også skrevet *yotsumono*. Her er et eksempel:

Høstmånen stråler –
en enligt stående bøg
berører himlen   (NK)

En iskold nordøstenvind
klaprer med gadedøren   (MS)

Den fremmede mand
sætter kryds ved blondinen –
endelig valgdag   (NK)

Gør forsøg på at hele –
sæbekasse eller ej   (MS)

Haibun

En af de store japanske renga-mestre var *Matsuo Basho* (1644-1694). Han rejste fra sted til sted og indbød de lokale digtere til en renga-sammenkomst, hvor det af naturlige årsager ofte var ham selv, der leverede de første tre linjer til kædedigtet. Disse tre linjer med 17 lydenheder eller stavelser kaldes på japansk *hokku* ("begyndelse").

På et tidspunkt gik Basho et skridt videre og udviklede den trelinjede form til en selvstændig digtform. Basho skrev nemlig på sine rejser små prosaskitser, som han afsluttede med ét eller flere hokku. Senere gik han over til at skrive længere rejsedagbøger, hvor de trelinjede hokku er placeret som små 'snapshots' inde i selve prosateksten.

Disse rejsedagbøger (med indlagte hokku) er i dag klassikere i japansk litteratur. Og denne genre med blanding af prosa og poesi kaldes på japansk *haibun*. Den mest berømte af Bashos rejsedagbøger er *oku no hosomichi* (fra 1689), som på dansk betyder sådan noget som *Den smalle vej til det dybe nord*.

Flere af de andre japanske mestre har videreudviklet traditionen, og enkelte vestlige digtere har også forsøgt sig i genren, som kan minde om et essay kombineret med ét eller flere kortdigte. Her følger to af mine egne forsøg, både et kort og et længere.

Monet i Randers

Jeg er af *Randers Bibliotek* blevet inviteret til en aften med haiku og sushi på programmet.

Biblioteket ligger sammen med kunstmuseet og det historiske museum i et fælles kulturhus, der også rummer en fin kantine. Jeg ankommer til stedet i god tid, fordi jeg ønsker at se den udstilling, der netop nu bliver vist på *Randers Kunstmuseum* med værker af Claude Monet og de danske impressionister.

Om aftenen er det så min tur til at give et veloplagt og medlevende publikum en introduktion til haiku. Jeg fortæller om både japansk og vestlig (herunder også dansk) haikudigtning. Derefter sætter jeg forsamlingen i gang med selv at skrive haiku. For de flestes vedkommende er det deres livs første haiku, men alle får et resultat ud af anstrengelserne. Som afslutning på en meget vellykket aften bliver der serveret lækker hjemmelavet sushi i kantinen.

Inspireret af eftermiddagens kunstoplevelse lyder mit eget haiku denne aften:

> *"Morgen på Seinen"*
> *dækket af skudsikkert glas –*
> *Monet i Randers*

Fodtur på Langenæs

Med Basho i bagagen

"Sol og måne er evighedens vandringsmænd. Årene, som kommer og går, er også farende svende. Ja, livet selv er en rejse. For dem, der styrer et skib over havet, og for dem, der bliver gamle på ryggen af en hest, er landevejen deres virkelige hjem." Sådan skriver Matsuo Basho i indledningen til sin berømte rejse-dagbog *Den smalle vej til det dybe nord.*

Mit virkelige hjem er hverken et skib eller en hest, men en lejlighed på Langenæs. Dog gælder det også for mig, at mit liv er en rejse. Ja, hver dag venter en ny dagsrejse, som starter med, at jeg svinger benene ud af sengen og går ud på badeværelset:

> *Tømmer tarmene,*
> *tørrer røven og ræber –*
> *dagen er begyndt*

I dag, en søndag i marts, beslutter jeg at foretage en fodtur her på Langenæs, hvor jeg bor. I tasken medbringer jeg – foruden frugt og vand samt papir og blyant – Bashos rejsedagbog. Basho tog også af sted i marts: "En tidlig morgen sent i marts begav jeg mig på vej. Himlen var endnu mørk og månen synlig. Den vage skygge af Fuji-bjerget og kirsebærblomsterne fra

Ueno og Yanaka bød mig et sidste farvel." Vennerne fulgte Basho på vej og ved afskeden skrev han:

> *Foråret svinder –*
> *fugle græder og fisk har*
> *tårer i øjnene*

Der er ingen venner, der følger mig, men på vej ud af døren får jeg dog et kys og et kram af konen – samt et løfte om at frokosten venter om et par timer, når jeg forhåbentlig er hjemme igen.

Ude på Langenæs Allé er der trods kulden forår i luften. For kun få uger siden lå her sne over alt. Mark Schorr, min amerikanske ven, skrev dengang følgende haiku:

> *Down the Langenæs*   *Ned ad Langenæs*
> *the long roofs like ships*   *sejler de lange tage*
> *sail into snow*   *som skibe i sne*
>   (min oversættelse)

Nu sejler skibene heldigvis i det forårsblå hav!

Jeg går ned ad de få trin, der fører fra Langenæs Allé ned til stien i Langenæsparken:

> *Som en grøn smaragd*
> *ligger Langenæsparken*
> *ved verdens ende*

20

"Verdens ende" er et lille krat i bunden af parken. Her fra hører jeg fuglene kalde samtidig med, at klokkerne kalder til gudstjeneste:

Kirkeklokkerne
og solsortene kalder
fra hver deres kant

I dag vinder fuglene. Og forårsblomsterne, der pibler frem i stengærdet langs stien, og som vækker minder til live om andre forår:

Den kolde martssol
kalder erantisser frem
og mange minder

Fodboldsæsonen er endnu ikke begyndt, men nogle få af de tapre riddere fra Langenæs er dog i gang med at varme bolden på træningsbanen.

Jeg sætter mig mageligt på en bænk, spiser en banan og læser om Bashos talrige strabadser højt mod nord i Japan. På et tidspunkt tvinger en voldsom storm ham til at opholde sig tre dage i et gæstehus:

Lopper og lus
og en hest der pisser
nær ved min pude

For mig er fodturen en ren fornøjelse. Jeg fortsætter op ad stien og når til de stejle skrænter, der engang lå helt ud til vandet, men som nu udgør de sidste rester af oldtidens Langenæs. Så krydser jeg tilbage over mod Langenæsbageriet for at købe fastelavnsboller til søndagskaffen.

Ved synet af det hvide bageri kommer jeg til at tænke på Bashos møde med det hvide Ishi-bjerg:

> *Endnu hvidere*
> *end Ishi-bjergets klipper*
> *er efterårsblæsten*

Her er det heldigvis stadig forår. Selv om jeg nu vender skridtene hjemefter, er jeg undervejs blevet grebet af udlængsel. Jeg drømmer om fjerne strande, hvor man kan ligge i solen og lade sig fylde af hjemve:

> *Forårets sødme*
> *indfanger mig med længsel*
> *efter nye savn*

Duften af frisk brød og stegt fisk møder mig, da jeg træder ind af døren. Når vi har spist, men heller ikke før, vil jeg lufte planerne om et sommertogt til...

Haiku

Det var som nævnt *Matsuo Basho*, der for alvor udviklede den trelinjede digtform med 17 stavelser til en selvstændig genre. Formen hed i Bashos levetid og de næste par århundreder *hokku*, men den er jo senere blevet kendt under det navn, som *Masaoka Shiki* (1867-1902) foreslog, nemlig *haiku*.

Det klassiske japanske haiku følger en række regler, men ingen af disse regler er helt ufravigelige. Der kan findes eksempler (også hos de japanske haikumestre) på brud på de kendte regler, men det er i så fald netop de få undtagelser, der i øvrigt bekræfter reglerne.

Regel nr. 1: Et klassisk japansk haiku indeholder 17 *'on'*. En *on* er en lydenhed, der omtrent (men ikke helt) svarer til det, vi i vores vestlige sprog kalder stavelser. For nemhed skyld siger vi, at et klassisk japansk haiku skal indeholde 17 stavelser, der falder i tre afsnit eller tre linjer med 5 stavelser i første linje, 7 stavelser i anden linje og 5 stavelser i tredje linje.

Regel nr. 2: Et haiku er altid i nutid. Det er altså ikke en erindring om noget, der skete engang for længe siden eller i går. Det er tværtimod her og nu. Det er et øjebliksbillede. Somme tider sammenligner vi et haiku med et fotografi, et snapshot, hvor et enkelt flygtigt øjeblik er fastholdt i billedets form.

Regel nr. 3: Et klassisk japansk haiku henviser altid til en helt konkret situation. Derfor er det også en sanset oplevelse. Digteren ser, hører, mærker, lugter og smager. I et haiku gælder det altså om at bruge sine fem sanser.

Regel nr. 4: Et klassisk japansk haiku foregår ude i naturen. Det handler altså mere om den egentlige natur end om den menneskelige natur. I det japanske haiku hører vi om træer, blomster, græs, dyr og fugle, bjerge og floder, sol og måne osv. osv.

Regel nr. 5: Et klassisk japansk haiku henviser altid til en bestemt årstid. Det sker ved, at der i ethvert haiku optræder et *kigo*. Det vil sige et ord, der på en eller anden måde signalerer en årstid. Hvis der fx står sne, véd vi, at det er vinter. Hvis der står kirsebærblomst, véd vi, at det er forår. Osv.

Regel nr. 6: I et vellykket japansk haiku vil der ofte være et brud. Enten mellem første og anden linje – eller mellem anden og tredje linje. På den måde støder det evige og det flygtige sammen – eller den store natur møder det enkelte individ. Fx som i følgende haiku af *Basho*:

Tidlig sommerregn –
en silkeorm sygner hen
i morbærmarken

De fire store japanske haikumestre, der hver for sig har haft en helt særlig betydning for haikugenren, er *Matsuo Basho* (1644-1694), *Yosa Buson* (1716-1784), *Kobayashi Issa* (1763-1828) og *Masaoka Shiki* (1867-1902). Sammen med disse fire bør efter min mening også den kvindelige haikumester *Soen Chiyo-ni* (1703-1775) nævnes.

De første vestlige haiku blev skrevet i begyndelsen af det 20. århundrede, og i dag er genren udbredt og populær over hele verden. Det moderne haiku – både i Japan og i resten af verden – følger langt fra altid de klassiske regler. Især de engelsksprogede haiku er ofte kortere end de 17 stavelser, ligesom mange moderne haiku ikke bruger årstidsord og heller ikke altid foregår ude i naturen. Derimod opretholdes reglerne om en konkret situation skildret i nutid (reglerne nr. 2 og 3) i de fleste moderne haiku, ligesom der ofte er et brud undervejs i teksten (regel nr. 6).

Hvert af de følgende 24 haiku – skrevet af mig – skal læses som selvstændige og af hinanden uafhængige digte, der skildrer et sanset øjeblik. Mine egne haiku overholder de fleste af de klassiske regler, og nogle få af dem er ledsaget af fotografier.

Med himlen til låns

Ringgadebroen
fanger solnedgangens skær –
dagslysets tøven

Tågede timer
med stærkt begrænset udsyn –
trøstesløs tirsdag

Februars blomster –
første forårstegn eller
blot vintergækker?

Syvtusind stjerner
i spredt orden på sort fløjl –
frostklar forårsnat

Blå martsvioler –
isblomsterne på ruden
smelter ved synet

Vinter i april
efter februars forår –
lunefuldt vejrlig

Stormende kuling –
hvem vælter først, mig eller
kirsebærtræet?

Sammen vandrer vi
i majgrønne landskaber
med himlen til låns

Skovturen aflyst
på grund af bedrøvelig
og endeløs regn

Nattergalesang –
guldstjerne og løvetand
tier og lytter

Vender ryggen til
min skygge og drejer mig
mod den klare sol

Små hvide blade
stråler om den gule sol –
en duft af nektar

Smørblomsten synger
om solens og hjertets guld,
om det første kys

Paradisdrømme
blandt græs, blomster og træer –
friplads til alle

Alle kan trænge
til et hvil – en pause på
udskiftningsbænken

I dag er himlen
ikke blot septemberblå –
magisk gråvejrsdag

Basho vandrede
under høstmånens stråler –
jeg står bare her

Høstmånens øje
stirrer på mig som om jeg
er en døgnflue

Blodmånen hænger
som en gylden appelsin
på nattehimlen

Sorte hyldebær
og røde bær af hvidtjørn –
nu hælder året

I lys og mørke –
i storm og stille ruller
det evige hav

Solens første kys –
rosen på kisten drømmer
om svundne dage

Ud af den blå luft
opstår en glad forventning
om højtid og fest

Hvis vi har øje
for dem, flyver Guds engle
nu midt iblandt os

Haiku-sekvenser

Et typisk haiku er som nævnt et forsøg på at fastholde et enkeltstående øjeblik i 17 stavelser. Det betyder, at hvert enkelt haiku som hovedregel skal læses eller høres som en uafhængig enhed.

De japanske haiku-mestre skriver dog undertiden også haiku i serier, de såkaldte *haiku-sekvenser*. Det er en tradition, der går tilbage til nogle af de allerførste waka-digtere, som allerede i det 8. århundrede skrev tematiske sekvenser om fx vin eller havekunst. Disse waka-sekvenser har formodentlig bidraget til at udvikle renga-traditionen, ligesom de senere inspirerede digterne til at skabe haiku-sekvenser.

Moderne japanske haiku-digtere skelner mellem to forskellige slags haiku-sekvenser. Den første type, *gunsaku*, indeholder forskellige haiku, der uafhængigt af hinanden kredser om samme tema, fx høstmånen. Den anden type, *rensaku*, indeholder haiku, der helst skal læses i sekvensens bestemte rækkefølge og kontekst.

Jeg har skrevet haiku-sekvenser af begge slags. *På tværs af Mælkevejen* er et eksempel på en sekvens af *gunsaku*-typen med rejseoplevelser som fælles tema, mens *En søndag på Bogforum* er et eksempel på en sekvens af *rensaku*-typen.

På tværs af Mælkevejen

Står på land og ser
bjergene sejle af sted
fra Ilulissat

Plukker en rose
til Emily Dickinson –
the Belle of Amherst

Vandrer lykkelig –
på tværs af Mælkevejen –
rundt i Toronto

Forlader verden
og møder Stillehavet
gennem Golden Gate

Betragter månen
mens Elis & Tom synger
São Paulo i søvn

Kaster min skygge
på et hvidt hus med blå dør
i Sidi Bou Said

Vender blikket bort
fra en flok sorte fugle
som krydser Nilen

Fryder mig over
solen og det søde liv
på Via Cavour

Danser med svaner
i den hvide sommernat
ved Neva-floden

Går mellem grave
og grå oliventræer
i Jerusalem

Sejler i regnvejr
til Templet for Evig Fred
på Jadeøen

Vågner i Sydney –
strækker mig og lever nu
i drømmetiden

En søndag på Bogforum

Novembersøndag –
bogen er en messe værd
før sneen falder

Forum vrimler med
folk og fæ, forlæggere
og forfattere

Krimidronninger,
præster og TV-kokke –
tivolistemning

Vi er her alle
fra Andersen til Aamund
for at blive læst

Dagens event i
Forfatterforeningens
stand: Haiku på dansk

Femten indfødte
samurai-lyrikere
oplæser digte

Frøer og fugle,
lys, dufte og stemninger
fanget i farten

Små øjeblikke
undslipper fangenskabet
og skynder sig bort

Sytten stavelser
et par hundrede gange
bli'r til mange ord

Publikum lytter –
holder ørerne stive
indtil de slappes

Forsigtig latter,
diskret hosten – og til sidst
spredte klapsalver

Nu af sted på jagt
efter nye eventyr
før Forum lukker

Sommer i Japan

Vi rammer Japan
to timer før tyfonen –
lunefuld luftfart

Ti kvinder på knæ
i Den Kejserlige Park –
ukrudtet luges

Vildsvinetemplet –
jeg beder om stærke ben
og god hjemrejse

Vi følger vejen
og hilser temesteren
med et høfligt buk

På Hiei-zan
løber børnene i bøn
for verdensfreden

Sangcikadernes
non-stop koncert i parken –
sommeren er kort

Han smiler til mig
som tegn på at øst og vest
forstår hinanden

Den barmhjertige
Kannon har tusind arme –
jeg knuger din hånd

Ingen geishaer
men mange kimonoer
i Gions gader

Vi er på visit
i *Den flydende verden* –
regnen strømmer ned

Haven er vestlig
men redskabsrummet taler
pludselig japansk

Kort før vejs ende
samles alle trådene
i Ryoanji

Where the Wild Things Grow

I løbet af ti dage i 2011 gennemførte *Foreningen af Professionelle Kunstnere og Kunsthåndværkere* kunstprojektet *Transform* i Aarhus Filmby. Som en del af projektet skabte keramikergruppen *Versus* en invasiv installation, *Where the Wild Things Grow*, bestående af lergraffiti, der hele tiden kommenterede og interagerede med de andre kunstneres værker.

Det begyndte og sluttede med to kasser ler, men ind imellem transformerede leret sig til en række skud og vildskud. *Versus* havde bedt mig om at dokumentere deres værk i en haiku-sekvens, der fulgte de daglige forandringer i installationen:

Oktobertåge –
to kasser med ler klar til
transformationer

Kugler kastet mod
vinduet lander som frø
på cementgulvet

Vinduespudseren
står i sin lift – under ham
ligger klumperne

I dag fyger frø
af ugræs over hegnet –
nyt liv versus død

Byen forvandler
sig – asfalten slår revner
og ukrudtet gror

Murværk nedbrydes –
store stiverter knejser
i ruinerne

Lianer skyder
til vejrs – før de falder ned
og bliver til lort

Små krads i leret –
graffitien breder sig
som vilde planter

En skål blandt søstre –
et trofæ på lerfødder –
spørgsmål i frit fald

Vej gennem græsset –
slanger i paradiset –
indspark og udkast

Sene vildskud i
det røde spejlbillede –
dialogmøde

Publikum stirrer
med øjnene på stilke –
indtil de hænger

Roser på graven –
et finishage-farvel
før lyset slukkes

Ler bliver til ler
for at liv kan genopstå
i nye former

Litteratur

Engelsksprogede håndbøger

William J. Higginson og Penny Harter: *The Haiku Handbook* (Kodansha International, 2009). Bogen indeholder også afsnit om waka, tanka, renga, renku og haibun.

Japanese Poetry Forms: A Poet's Guide (Local Gems Press, 2016)

The Routledge Handbook of Modern Japanese Literature (Routledge, 2016)

Danske håndbøger

Hanne Hansen og Sys Matthiesen: *At skrive haiku* (Net-Bog-Klubben, 2003)

Bo Lille: Haiku – håndbog (Mellemgaard, 2014)

Hanne Hansen: Haiku for skoleelever (Ravnerock, 2017)

Japanske waka og tanka

Japanske kærlighedsdigte (BoD,2014)

Yosano Akiko: *Filtret hår* (BoD,2019)

Machi Tawara: *Salatens jubilæumsdag* (Husets Forlag, 1987)

Danske tanka

Lars Mønster: *Tanka.dk* (Attika, 2005)

Et japansk renga

Basho, Kyorai, Boncho og Fumikuni: *The Kite's Feathers* (i: *The Penguin Book of Japanese Verse*, Penguin Books, 1998, s. 118 ff)

Engelsksprogede renga / renku oversat til dansk

Colin Blundell og Dick Pettit: *Hegnet repareres* (i: *Små silhuetter*, Attika, 2005. s. 56-59)

M. A. Schorr og Niels Kjær: *Seks yotsumono*, (i: *Aliens,* BoD, 2013)

Japanske haibun

Basho's Journey: The Literary Prose of Matsuo Basho (State University of New York Press, 2005)

Matsuo Basho: *The Narrow Road to the Deep North and Other Travel Sketches* (Penguin Books, 1966)

Matsuo Basho: *Under høstmånens stråler*: To rejsedagbøger (BoD, 2013)

Danske haibun

Kirsten Nørgaard: *Haibun* (i: *Hvedekorn*, årg. 81, nr. 2, 2007)

Niels Kjær: *Fodtur på Langenæs: Haibun* (Aarhus, 2011)

Japanske haiku

Hans-Jørgen Nielsen: *Haiku* (Borgen, 1963)

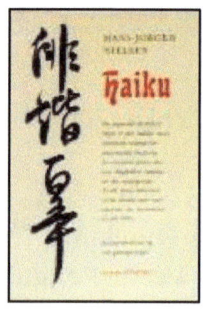

Japansk forår: 111 haiku af Basho, Buson, Issa og Shiki (BoD, 2015)

Japanske rids: 366 haiku af Basho, Chiyo-ni, Buson, Issa og Shiki (BoD, 2018)

Matsuo Basho: *Ildfluer: Udvalgte haiku* (Attika, 2011)

Soen Chiyo-ni: *Vilde violer* (BoD, 2018)

Yosa Buson: *Sommersol og vintermåne* (BoD, 2016)

Kobayashi Issa: *Spurvedans og sneglegang* (BoD, 2019)

Masaoka Shiki: *Mit blankslidte lagen* (2018)

Danske haiku

Små silhuetter: Haiku-antologi (Attika, 2005)

Blade i vinden: Haikugruppens jubilæumsantologi (Ravnerock, 2011)

Der er et herligt land – det kaldes poesien (Ravnerock, 2013)

Peter Laugesen: *Milesten* (Borgen, 1991)

Suzanne Brøgger: *Lotusøje* (Gyldendal, 1999)

Bo Lille: *Haiku på dansk* (Oneman, 2005)

Ole Bundgaard: *Haiku – 365 nye danske haiku* (Nielsens, 2006)

Pia Tafdrup: *Boomerang: Haiku* (Gyldendal, 2007)4

Mona Larsen: *Bladene drypper: Haiku* (Ravnerock, 2007)

Lars Mønster: *Betal med døden: Haiku* (Attika, 2008)

Hanne Hansen: *Havfrue på land: Haiku* (Attika, 2010)

Ole Lillelund: *Forandring: 777 haiku* (Det Poetiske Bureau, 2011)

Ida Hamre: *I det fri* (Ravnerock, 2011)

Ulla Conrad: *De grønne skyggers land* (Ravnerock, 2012)

Niels Kjær: *Årets ring* (BoD, 2012); 2. udg.: *Årets hjul* (BoD, 2018)

Ann Mari Urwald: *I mørket hviler lyset* (Ravnerock, 2012)

Thorvald Berthelsen: *Hulens år* (Ravnerock, 2013)

Kate Larsen: *Sensommerens månelys* (Ravnerock, 2015)

Flemming Madsen Poulsen: *Haiku i farver* (Attika, 2017)

Viggo Madsen: *Haiku, for fremtiden* (Mellemgaard, 2018)

Haiku-sekvenser

Sekvenser af Tomizawa Kakio, Antonio Machado, Robert Hayden og Elizabeth Searle Lamb (i: W. J. Higginson og P. Harter: *The Haiku Handbook,* Kodansha International, 2009, s. 233-241)

Niels Kjær: *Små øjeblikke* (2003) og *Fnug* (2008)

Klaus Høeck: *Legacy* (Gyldendal, 2015)